Himmlisch kleiner Schein

Timo Schöber

Himmlisch kleiner Schein

*Lyrische Werke eines
umtriebigen Denkers*

© Copyright 2017 Timo Schöber

ISBN: 9783746000343
Herstellung und Verlag: BoD - Books on Demand, Norderstedt

Dieses Buch ist aus Copyright-Gründen bei Books on Demand veröffentlicht worden.

Inhalt

Vorwort

Lyrik ist zugleich Muse als auch Kritiker. In Gedichten steckt mehr als bloße Worte. Sie erzählen eine Geschichte, den Weg eines Gedankens und sein Ziel. Sie können einen zu den schönsten Orten tragen.

Gedichte vermitteln Geschichten auf eine Weise, wie es nur Gedichte vermögen. Sie lassen dem Leser Zeit zum Innehalten, zum Nachsinnen und Interpretieren.

Diese Gedichtsammlung enthält lyrische Werke von Timo Schöber, die in den Monaten Mai, Juni und Juli des Jahres 2011 entstanden sind.

Dabei ist mehr auf den Inhalt und die Aussage, als auf in Regeln gepresste Lyrik geachtet worden. Gedichte müssen die Freiheit des Schaffens atmen – ohne dabei in Regeln des lyrischen Arbeitens eingeschnürt zu werden.

Viel Freude beim Lesen,

Timo Schöber, geboren am 11.05.1983

Vergänglicher Schimmer

Der Mensch, stets strebend, wollend immer,

wie der Hauch der Flamme letzten Glimmer,

das Ende erreichend, flehend: nimmer, nimmer!

Erhascht es doch, welch vergänglich Schimmer.

Sitzt jauchzend, darbend vor dem letzten Schein,

der Mensch, das gehend Tier, vermeintlich rein,

stets das Erdenrund erblickend, oh mein, oh mein!

Doch die Antwort auf das Bitten ist ein klares: Nein!

Drum rühme er sich seiner guten, wohlen Taten nicht,

im Auge der Welt, dem Ende aller Zeiten irdisch Wicht,

strahlend ist nur das himmlisch, das wahrlich Licht,

ach, mein Leben, mein Sterben – welch zynisches Gedicht.

Freiheit

Freiheit, Freiheit schallt es aller Orten,

der Ruf spricht, mit lauten, wahren Worten,

nicht verzagend, sondern stramm und klar,

Freiheit, welch Wonne! Wie wunderbar!

Freiheit, Freiheit erklingt es hoch vom Turm,

auf die Straße, alle – auch der letzte Wurm,

kämpfe, schreie, marschiere, weine, leide,

das zarte Band der Freiheit, fein wie Seide.

Freiheit, Freiheit singt es in den Gassen,

nie mehr, nie mehr aus unseren Händen lassen,

drum soll der Chor der Freiheit laut erschallen,

bis in die Despoten letzten, zersetzend Hallen.

Eltern

Die größte Liebe, der höchste Berg,

das schönste Meer, des Meisters Werk,

die reinste Luft, der stärkste Arm,

das weite Land, ein Ort – ganz warm.

Der tiefste Fluss, die größte Wonne,

das weichste Bett, die hellste Sonne,

der ruhigste Schlaf, das wahre Wort,

wo auch immer, niemals fort.

Immer da, wenn man sie bräuchte,

das weise Licht, die helle Leuchte,

Eltern stehen für Liebe, Freud und Rat,

für Weisheit, Wärme und die gute Tat.

LT - OT

Geborgen, der einzig Welt Größte vom Licht,

richtend, Gottes Worte ihm Ohr: richt', richt'!

Strahlend, das Gute als Weisheit der Zeiten,

siegend, vom Bösen gefürchtet in allen Weiten.

Generalissimus des Lichts, Titel in Vielfalt und hoher Zahl,

Der Eine des Einen, Versagen nie Teil der Wahl.

Deus Großmeister, stets gen himmlisch Wonne,

Kaiser des Guten, umgebend von strahlend Sonne.

Drum weiß er vom Heil und all seinen Knechten,

von Guten und Schlechten, von Falschen und Rechten,

spricht endgültig Wort, verzagend nimmer,

er ist sicher und perfekt, für immer und immer.

Die Allee der Träume

Der Wegesrand, welch Blütenpracht,

vom Herrn wohl selbst in Lieb erdacht,

die Bienen fliegen, die Blumen tasten,

hier will ich bleiben, hier muss ich rasten.

Atme tief, des Duftes wohlige Gedanken,

ein Ort so fest, kann niemals wirklich wanken,

steh auf mein Kind, geh mutig weiter,

bleib immer fröhlich, aufrecht, heiter.

Wenn immer schwer es wird in Zeiten,

kehre zurück in diese schönen Weiten,

füll' die Momente mit all deinen Träumen,

die Allee deines Lebens sollen sie säumen.

Weide

Blättchen reckt sich vorsichtig gen Himmel,

welch zartes Band, welch erster Hauch,

das Grün, so frisch wie Tau der Früh,

geboren in die Welt so klar und kalt,

wartend auf die erste Wärme, das Lebenslicht,

du Knospe, Knospe nimmer wart.

Der Wurm erhascht dich, sieht dich recken,

kommt auf leisen Sohlen hin,

nichts ahnend, weh! Oh weh!

Da war es schon, das Grün verblasst,

der Tag nicht mehr, die Nacht ganz wach,

das Licht hinfort, es folgt das ewig Dunkel.

Der Eine

Es gibt dort Einen, wie sonst keinen,

der über unsere Erde wacht.

Es gibt dort Einen, wie sonst keinen,

so alt wie die unendlich Nacht.

Es gibt dort Einen, wie sonst keinen,

so schön wie alle erdenklich Pracht.

Es gibt dort Einen, wie sonst keinen,

der niemals über Menschen lacht.

Es gibt dort Einen, wie sonst keinen,

der uns liebt – ganz sacht, ganz sacht.

Der Mensch

Er springt und tanzt und lacht und denkt,

er hofft und weiß und glaubt und lenkt,

er will und hat und strebt und fehlt,

er siegt, verliert und ehrt und quält.

Der Mensch an sich, als Bild im Staube,

weiß wenig mehr, als was er glaube,

drum denkt er sich, was weiß ich denn,

oft reichlich dumm, vergisst das Wenn.

Nur Gott kann wissen, er kennt die Ranken,

der Mensch niemals, kann stets nur wanken,

Gott als Baum, der Mensch als Laub,

wird doch stets, Staub zu Staub.

Kinderaugen

Der Schmetterling sitzt auf dem Blatt,

der Kieselstein liegt bunt und glatt,

das glitzernd Meer ist nimmer matt,

Kindes Neugier wird niemals satt.

Springst umher, mal dort mal hier,

von früh bis spät, von acht bis vier,

bist lieb zu allem, ob Mensch, ob Tier,

du bist das Glück, der Erden Zier.

Siehst das Liebe, große Gute,

trotz dem Bösen mit allem Mute,

bist des Lebens wahre Knute,

und fürs Schlechte eine Rute.

Irdisch Streben

Vermag er strebend, wimmernde Gedanken,

voll Wut er schlägt, voll Zorn mit Pranken,

denn der einzig Weg des irdischen Gedanken,

ist nicht Erkenntnis, sondern irdisch Schranken.

Zornes Gesicht

Er ist das Flüstern in der dunklen Nacht,

man kennt ihn gut und weiß ihn schätzen,

er ist der einzig Freund wenn man erwacht,

man lernt ihn schnell, will er ein' hetzen.

Doch ist er da, dann will man fort,

an einen anderen, stillen Ort,

mag kein Geräusch, kein ehrlich Wort.

Und sitzt er da mit großen Tatzen,

und zieht laut die wütend Fratzen.

Sagt das Kind im Manne laut: fort mit dir, an einen anderen Ort.

Wahrheit

Sie ist zugleich was wir so brauchen,

nicht gern gehört, doch stets gedacht,

und andererseits der große Schmerz,

das höchste Gut, das stärkste Wort,

der Lügner wird nie in ihr tauchen,

ist falsch im Geiste und nur gemacht,

der Mensch an ihr begeht den Mord,

welch traurig Spiel, nicht mal gelacht.

Das Leben

Man hält dich fest, um jeden Preis,

die Endlichkeit, man es besser weiß,

der letzte Zug, vergeblich lebend,

wenn verpasst man hat, Sinn gebend.

Das bunte Treiben in den Gassen,

das Gewollte ist bald kaum zu fassen,

man greift es, hält es, lässt es gehen,

bleibt nicht standhaft, das Ende sehen.

Man stöhnt und bettelt immer zu,

will doch niemals die letzte Ruh,

doch kommt sie immer, stets und steif,

der letzte Hauch, des Todes Reif.

Front

Nun liegst du da, du armes Leben,

für die Heimat, fast alles geben,

dieser Graben, dein letzter Ort,

oder nicht, drum rennst du fort,

einmal noch, vorwärts Junge,

die Kugel kommt, sie trifft die Lunge,

taumelst, fällst, Blut in der Luft,

schmeckst das Eisen, riechst den Duft,

die Front dort drüben ist nicht fern,

du stirbst, für die Heimat immer gern.

Toleranz

Er warf den Stein bald von der Bank,

er fiel vielmehr, als dass er sank,

zersplitterte in tausend Stücke,

hinterließ in ihm die leere Lücke.

Entschwinden

Bist nicht greifbar, kaum zu fassen,

wahrlich groß und klein in Einem,

fange dich, hasche dich, immer zu,

bleibst gern stecken,

zankst dich freudig,

kennst das Denken,

Stille, schweigend, siechend, reibend,

ist nicht Gold, welches silbern glänzt,

schließt die Münder, verblast heimlich.

Keiner weiß dich, nimmer mehr.

Gier

Du bist das leise Flüstern in meinem Hirn,

du bist die grollend Stimme in meiner Stirn,

du bist das immer neue Wollen in meinem Herzen,

du bist der dunkle Schein hinter meinen guten Kerzen.

Ich mag dich nicht, ich hasse dich!

Ich wünschte, du wärst ohne mich!

Du bist der Häscher, der böse Lich!

Hinfort mit dir, man ist für sich!

Glaube

Du bist mein Stern,

hab dich bei mir allzu gern,

bist mein Licht, mein Leben,

würde für dich alles geben.

Du bist der Quell im Staube,

du bist das Weiß, des Friedens Taube,

du bist mein Freund, mein einzig Glaube,

meine Bastion und meine ruhige Laube.

Der Baum des Lebens

Bei Manchen sind die Blüten prall und rot,

bei den Meisten sind sie schwarz und tot,

vergaßen sie doch das Wichtigste im Leben,

ohne starke Wurzeln kann es nur schwache Bäume geben.

Rast

Du bist zum Greifen nah,

auch in der größten Hektik immer da,

bekomme dich doch nie zu fassen,

doch gewähren werde ich dich niemals lassen.

Heimat

Ein Ort der Heimkehr, des Besinnens Zeit,

der Herd der Mutter, nie fort – allzu weit,

die Luft voll Liebe, gemacht des Kindes Bett,

wo auch immer, nur die Heimat ist wahrlich nett.

Leuchtender Berg

Ein Berg steht dort,

wo es finster wandert immer zu.

Gestein, so hell wie aller Sonnen Summe,

unausweichlich, stark wie Liebe,

massiv wie Stein und zart wie Seide,

wenn ich dich wünsche, erstrahlst du hell.

Der Narr verzagt, nicht aber das sehend Auge,

mein Licht, mein Fels, des Morgens Wonne.

Götzenbilder

Der Mensch errichtet sein Bild,

zum Ruhme vielerlei Gedanken,

in der Gegenwart viel zu mild,

in der Zukunft folgt das Wanken.

Wir schlagen drauf, fest und fester,

verfluchen auch die letzten, kleinen Nester,

die Erfahrung lächelt ruhig und weise,

es wird beginnen von vorn die Reise.

Doppelmoral

Das Schwein schlag tot, die Kuh schlacht' auch,

das Fleisch schling' rein, so ist der Brauch.

Das Vieh richt' hin, klau dem Huhn das Ei,

den Fisch erstick', Tiere sind allerlei.

Doch richtet man die schlimmsten der Schlechten,

schreit auch der letzte Narr nach ihren Rechten,

ruft lauthals in die Menge: „nein, den nicht."

Welch dummer Mensch, welch doppeltes Gesicht.

Revolution

Der Mob will alle, nicht nur Reiche,

wirft sie tot, in ihre roten Teiche,

bis versenkt ist auch die letzte Leiche,

glaubt fest er stellt die gute Weiche.

Sagt zu sich laut: Niemals wieder wetzen wir die Messer,

die Geschichte grinst und freut sich: sie weiß es besser.

Nachwort

Vielen Dank dafür, dass Sie sich, lieber Leser, die Zeit zum Lesen dieses Buches genommen haben.

Aufrichtig für Ihre Zeit dankend,

Timo Schöber

Buchtipp: Gedanken eines Rastlosen
Autor: Timo Schöber
ISBN: 978-3-8391-4056-7

„Gedanken eines Rastlosen" und „Himmlisch kleiner Schein"
(dieses Buch) sind und bleiben die einzigen Bücher ihrer Art
von mir. Der Leser mit großem Willen und viel Zeit des
Denkens wird eventuell das Große Ganze hinter diesen
beiden Büchern erkennen – das Große Ganze betrifft vor
allem und eigentlich ausschließlich „Gedanken eines
Rastlosen". Ich wünsche Ihnen viel Freude beim Suchen und
Denken.

Anmerkungen: Es gibt von beiden genannten Werken nur je
eine einzige Auflage und so wird es auch bleiben. „Gedanken
eines Rastlosen" ist am 04.01.2010 online zum Verlag
geschickt worden. „Himmlisch kleiner Schein" ist am
14.10.2017 online zum Verlag geschickt worden – einige der
enthaltenen Gedichte sind durch Timo Schöber ab 09/2017
bereits im Internet veröffentlicht worden.

Rechtliche Hinweise: Irrtümer vorbehalten. Alle
Ähnlichkeiten, etc. zu real existierenden Personen,
Organisationen, etc. sind rein zufällig.

Der Autor dieses Buches übernimmt keine Haftung für die
Benutzung der Internetseite www.bod.de.